MAARIA
LAIHO

ANNELLE

Taitto: Joonas Tammisto
Kannen kuva:
    Kiusaus
    Maaria Laiho 2023
    Akryyli
Kustantaja: BoD • Books on Demand GmbH, Helsinki, Suomi
Kirjapaino: Libri Plureos GmbH, Hampuri, Saksa
ISBN: 978-952-80-7280-5

Alkusanat

Muutin joulukuussa 2023 kuntoutumiskotiin, kun psyykkinen vointini romahti. Kirjan runot olen kirjoittanut omaohjaajalleni Annelle pitkin vuotta. Hän on ollut suurena ja korvaamattomana tukena minulle. Monen monta itkua olemme yhdessä itkeneet. Ilosta, surusta ja rakkaudesta. Halusin teksteilläni ilahduttaa ja kiittää häntä. Näiden runojen lukeminen yhdessä on ollut mitä parhainta itkuterapiaa ja sielunhoitoa. Muistan, kun sain kerran silmätulehduksen kun olimme itkeneet koko päivän minun lukiessa runoja. Se oli jo vähän huvittavaa. Olkoon tämä kirja nyt kuitenkin suurempana kiitoksena työstäsi, Anne. Olet suurenmoinen ihminen ja suunnattoman tärkeä ja rakas. Ihmisyydelläsi on vahva tarkoitus. Sinulla on hyvyydessäsi selkeä tehtävä tässä elämässä, eikä yksikään päivä ole turhaa. Eivät edes ne pimeät ja lohduttomat päivät, sillä sinä olet oppinut kääntämään vaikeudet voitoksi. Juuri niinkuin sanoit minustakin. Siihen minäkin pyrin. Elämän kolhut ovat muovanneet meistä kirkkaita helmiä, emmekä ole vajonneet synkkyyteen.

Rakkautesi ansiosta olet pelastanut monia ja tulet vielä pelastamaan. Myös minut olet sinä pelastanut. Sinusta hohkaa positiivinen energia, lämpö ja empatia.

Tahdon et polkus on vehreä ja että siellä on valontuojia. Muista, että aamu tulee ja niin tulee pikkulintuin viserryskin ja pehmeä tuulen tuiverrus. Voit olla rauhassa.

Motivoit minua kirjoittamaan tämän kirjan etuoikeudessani saada kokea niin paljon rakkautta, empatiaa ja ymmärrystä. Olet sielunsiskoni. En koskaan tule unohtamaan itkun täyteisiä runohetkiämme.

Suuri kiitos sinulle. Joskus vaikeuksien keskelläkin syntyy jotain kaunista. Kiitollisuus tuo onnen.

Sydän täynnä kultaa
Annan sen elämääni johtaa
Eivät saa minua murheen kahleet
Ne tuhkaksi muuttanut oon
Ovat vaikeudet vaienneet
Minä menen, minä menen
Polkuni katkea ei
Rakkauteen jatkan
ilman katkeruutta
koska joka hetkessä
näen tyrmistyttävän
kauneuden
En vaikene en
vaan laulan tarinani
Se lohtua tuokoon
jokaiselle sielulle
On loppumaton
hyvyyden nauha
Tulkoon kaikille
sydämeen rauha

Maaria Laiho & Bob-kissa, 2024

Annelle

Valon lapsi

Valon lapsi,
     kultahapsi.
Sydämelläs suuri murhe.
Et ansainnut kärsiä,
vaan tiesi olisi pitänyt olla
jalokiviä täynnä.
Oi valon lapsi.
Lapsen kätes hennot,
niin suohon uponneet,
eikä pelastukseksi
kuin lintuin laulelot.

Valon lapsi,
niin vaan rakkautta hohdat
kaiken kärsineenä.
Uskallat muita rakastaa,
ei ole ylpeyttä sielussas,
ei kateutta kangistavaa.

Valon lapsi.
Elä vahvasti ja iloitse.
Olet kävellyt kivisen tien,
mutta se juuri saa sinut
loistamaan suopeutta ja
maltillisuutta.
Näet ihmisen ihmisenä.
Luonas ei tarvitse pelätä.
Uskon sinuun.
Sinusta ollaan ylpeitä.

Annelle

Koruttomana

Koruttomana
on ihmisen hyvä olla.
Yltä päältä kauniina,
sinivuokkona pellolla.

Koruttomana,
vailla ylpeyttä.
Kohti hyvyyden tietä
kulkee hän,
joka niin puhdas on,
ettei omaa arvoaan tiedä.

Koruttomana
järven sineen eessä.
Alastomana,
hiljaa.

Kallein kaikista on
sydän.
Koruton sydän.
Sitä jos kantaa,
elää onnellisen elämän.

Piirtyy veteen viiva.
Jo vaienneet joutsenet on.

Annelle

Pauhu

Luokses soljuvi kirkkaat veet.
Kätes auki on ja mieli.
Siitä kertoo tuulen kieli.
Katso, jo nousee aurinko.
Se pienimmänkin muistaa.
Ihanaa, jo aamu sarastaa.
Viel koittaa mahdollisuus,
viel virkistyy janoinen sielu.
Sinun kätteis työ korvaamaton
ja kuuntelijan lahja tuo.
Kuljet uuteen päivään
utuisen kirkkaaseen
uljaana ja varmana.
Luokses jäävät valkoiset
lampaat hopeisissa
villoissaan ja jono heitä
joille olet korvaamaton.

Mene meren syliin,
upota murhees syvään veteen.
Kuule hiljaisuus.

Kuule sydämes pauhu.

Annelle

Olemme yhtä

Yli heinästön
katson elämääni.
Kuinka se nousee keltaisena,
toiveikkaana lämpönä.

Paljon olen minä elänyt,
verkkoni veteen laskenut.
Kuullut yöperhosten tanssin,
tömistänyt jalkani mudassa,
         oi ilon päiviä,
         oi ilon päiviä.
Tät loppumaan en saa,
enkä tahtoiskaan.

Satakielet ne minulle soittaa.
Tunnistavat saman arvoisen,
sillä olemme yhtä.

Minä ja kivi.
Olemme yhtä.

Minä ja tavoittamaton.

Kun hengitän syvään,
löydän ykseyden.

Annelle

Ei loppua rakkaudella

Säilytä tuo kimallus
sinussa,
hohda pimeässä
muillekin.
Älä arvoasi heitä yli reunan,
älä ole julma itsellesi,
sillä sinäkin tarvitset
rakkautta ja huolenpitoa.
Niinkuin smaragdi,
joka täytyy puhdistaa.

Sinä annat muille.
Olet aina antanut.
Olet epäitsekäs,
          hieno ihminen.

Rakasta myös itseäsi
ja jatka kimallusta.

Silloin rakkaudella
ei ole loppua.

Annelle

Parantaja

Parantajan sydän,
avoinna maailman puheelle,
huudolle ja itkulle.
Hohtava sielu iloiten laulaa
onnen sinfoniaa kuuroille
ja kuurot kuulevat
hyväntahtoisuuden.
Vilpitön halu rakastaa
resonoi universumin kanssa
palautuen takaisin.
Kun rakkauden kipinät
lentävät tulikärpästen lailla
sydämestä sydämeen,
toteutuu onnellisuus
ja elämän tarkoitus.

Vääristymiä
Maaria Laiho, 2023
Akryyli

Annelle

Mikä on, on

Vuorikristalleilla
sinua kannan.
Kirkkaalla taivaalla,
mahtavilla siivillä sinua
kannan. Kohti peipposten
laulua, rakkautta
loppumatonta.

Uponneena totuuteen
katsomme tätäkin päivää.
Ei valheen kiertämää.
Ei epäluuloa, ei epäröintiä.
Se mikä on, on.
Kuuletko lintuin laulun?
Nekin totuutta visertävät.

Totuus.
Rakkaus.
Niitä kannamme sydämessä.
Kohti uutta voimme mennä.
Haihtuu epävarmuus.

Lintuin laulu.
Jo kuuluu elämän pauhu.

Annelle

Lohtu

Annan sinulle lohdun,
annan sinulle sanat.
Viisauden joka rivien
väliin kätkeytyy.
Et ole yksin.
Et koskaan ole yksin.
Sielus liian arvokas on.
Mieles liian puhdas.
Ei, sinua ei jätetä.

Minä suojelen sinua
kuin tiikeri pentujaan.
Toivon sinulle vain hyvää,
sitäkin parempaa.

Minä annan sinulle lohdun,
jotta jaksaisit odottaa
huomista, unohtaa pahuuden.
Kaiken sen, mitä sinun ei olisi
tarvinnut nähdä.

Tiedän, sydämes on arpinen.
Nyt puhallan sinuun lämpöä,
parantavaa myötätuntoa,
jotta taakkas ois kevyempi
kantaa.

Lohtu, jonka sinulle annan
löytyy sinusta itsestäsi.
Sillä sinä olet kyllin vahva.

Annelle

Rinnallas näin

Aika ei lopeta
oikeita ihmissuhteita.
Aika on toisarvoista,
sillä aito rakkaus
ei muuta muotoaan
ajan saatossa.

Olen onnellinen
että saan kulkea
rinnallasi näin,
niin ilossa kuin
surussakin
luottaen siihen,
että kyllä kaikki
järjestyy.

Kuuntelen luonnon
ääniä ja mietin,
miten puhtoinen on
vaatimaton sydän.
Ei vaadi, ei ole
itsekeskeinen,
vaan vahva ja antelias,
        rakastava.

Meillä on vahvan
ystävyyden perusta.

Annelle

Valoa kohden

Valoa kohden käy
luottaen itseesi,
koska voit olla ylpeä.
Hienoksi ihmiseksi
olet luotu, on rakkauden
kieli sinulle suotu.
Älä epäröi rakas
ihmisen lapsi, kun
sydämes täynnä tarmoa on.

Valoa kohden käy
ollen tässä ja nyt.
Älä huomisesta murehdi,
se tulee kyllä.
Ei ole väliä muulla kuin
läsnäolevalla keholla,
mielellä jalolla.
Muu turhaa on.

Valoa kohden käy, sinä
suuresti rakastettu.
Tuot valtavasti iloa
lähimmäisillesi.
Olet hyvä ihminen.
Olethan ylpeä.
Tuo tunteva sielu,
niin ilot kuin surut itkevä
saa olla juuri noin.
Ei sinua muuttaa pidä.

Kaunis ihminen,
kohti valoa käy.

Annelle

Hyvyytes

Kuu on kallellaan
kuin epävarmuuteni,
usko elämään.
Jo lentävät perhoset
pesästään vapaina,
varmoina.
Minäkin tahdon olla.
Ja tunnen minä sen,
valkoisen mielentilan,
rakkauden kosketuksen.
Rakkaus tuo voimaa ja
sen antaminen suunnatonta
iloa ja riemua. Vaikken
mistään muusta olisi
varma, niin rakkauden
tunnistan, sitä ei voi
teeskennellä.

Tahdon sinun tietävän,
että olet hyvin rakastettu.
Sinulla on parantajan lahja.
Voi mikä suurenmoinen kyky.
Sydämessäsi asuu miljoona
perhosta. Niin olet sinä
hyväntahtoinen ihminen.
Niin iloinen olla saat itsestäsi.

Vaatimattomuus,
voima ja rakkaus.
Olet se henkilö, joka
hyvyydessään ansaitsee
tulla palkituksi.

Annelle

Lapsikullat

Lapsikullat,
touhottajat.
Heille annat arvon.
Heikkohermot,
hassuttelijat.
Heille annat aikaasi.
Elämän runtelemat,
pienet suuret kätöset.
Niistä otat kiinni,
yhdyt iloon
yksinkertaiseen.

Lapsikullat
sinua tarvitsevat.
Vanhat ja nuoret
eksyneet valot.
Silti yhtä tärkeät.
Sinä pidät valoa yllä.

Olemme yhtä,
me lapsikullat ja sinä
ja universumin
loppumattomat
reunat.

Lähtisimme maailman
ääriin vuoksesi.

Annelle

Palo

Surutta käy,
ei huoliakaan näy.
Nouse korkealle,
näe kaikki nähtävä.
Aina viimeiseen päivään
marssi.
Elo elettävä on,
rinnassa palo
rakkauden.

Annelle

Askeleet

En sanoja löydä,
mut suuni puhuu.
Kuin vaahtopäiset
meren aallokot
puhun suuni puhtaaksi.
Selväksi kuin kevätaamu,
järven rannalla hiljaa hyräillen,
kun veteen piirtyy renkaita.
Mietin vain menneitä.
On menneet kaukana.
Vaan silti mietin.
Minä murheinen ihminen.

Sinusta peilautuu
inhimillisyys, totuuden
virta, rehti sydän.
Seuraan askeleitas,
vaikken tiedä mistään mitään.
Kaukana menee kurkiaura
ja joutsenet uinuvat
rakkauden kehdossa.

Parahin ystävä.

Annelle

Ollako

Ken kruununsa ansaitsee,
kuk elämäänsä hallitsee,
eikä kadotukseen jouda?
Vaan kun ei ole heitä,
tarpeeksi riittäneitä,
sillä epätäydellisyys
meidät loi, ei symmetria.
Kaukana on järki jäljessä,
niinkuin on kolikko ruostunut
köyhyydessä.
Kättensä luomaa
ja sateen ropina.
On onnekas se ken saa
tehdä ruumiillista työtä.
Yksinkertaisuudesta itävät
suurimmat ajatukset.
Oi tyyni ilma,
jossa albatrossi liitää.
Ollako se, ollako se.

Heijastus
Maaria Laiho, 2024
Akryyli

Annelle

Joka rakastaa

Kuka on se joka
kuormaa työntää?
Se on se jalomielinen,
hiljainen.
Kuka se muille keittoa
keittää?
Se on vaatimaton
sielu, pyyteetön mieli.
Entä kuka on tuo joka pesee
vanhusten jalat?
Hän on kaikkein arvokkain.
Hyvää voi tehdä monella
tapaa, mutta siihen kykenee
vain sellainen, jonka halu
auttaa on vilpitön ja aito.
Ihminen, joka auttaessaan
kokee saavansa, ei
menettävänsä.
Joka iloitsee ja kykenee
rakastamaan ilman rajoja.
Hän juuri pesee vanhusten jalat.
Se, joka rakastaa, itsekkyyden
hautaa, pystyy nöyrimpäänkin
tekoon.

Sinulla on sydän avoinna.
Olet rakkauden kulkuväylä.
Rehellisyyden ruumiillistuma.

Kiitos maailmankaikkeus
että osuit kohdalleni,
kerta kaikkiaan, kiitos.

En ole koskaan tavannut
niin aitoa ihmistä.
Koen saaneeni suuren lahjan.
Tunnen paranevani
sinun läheisyydessäsi.
Niin rikas on
ystävyytemme.
Murheet unohtuvat.
Luottamus tulevaan
vahvistuu ja
saan olla minä.
Olen hyväksytty.
Voi onnea.

Annelle

Riemujuhla

Ei pelkoa nyt.
Olet turvaa kylvänyt.
Ei pelkoa,
täytyy vain uskoa.
Kaunis päivä tulee taas.
Olet tyyni ja vaatimaton.
Pysyt rauhallisena myrskyn
edellä, koska tiedät olevasi
puhdas ja parhaasi
tehneenä, päivästä toiseen,
läpi loan, läpi tumman,
uskot valon voittavan.
Ja sinä loistat voittoasi,
valon riemujuhlaa,
koska luotto rakkauteen
on jo puoliksi voitto,
eikä mikään pahuus
sitä kaada.
Hyvyys soi sydämessäsi
kuin valtava kuoro.
Olet vahva. Olet herkkä.
Jo löydät kultaa kalliimpaa,
se sielussas soljuaa.

Annelle

Sananen ystävältä

Kohti iloa käy.
Ei tummia pilviä näy.
Kohta koittaa sinullekin aamu.
Jo vaikenee yö.

Kohti elämänjanoa käy.
On takana kurjuus.
Pian elät joka hetken
kuin viimeisen.

Kohti varmaa polkua käy.
Ei ole vaaraa horisontissa.
Luota sisimpään.
Jo vaikenee yö.

Kohti ystävyyttä
saat käydä ain.
Tavoitat minut
ja minä sinut.
Aito ystävä olet,
on riemu tää loputon.
Saamme onnessa olla.

Jo vaikenee yö.

Annelle

Niittykukka

Kiitos siitä, että olet sinä.
Tiemme näin kohtasivat.
Kiitos rakkaudesta,
nöyryydestä ja
kokemuksesta. Ojennat kätesi
kärsimyksen edessä.
Otat kättesi varaan
pienimmänkin.
Kiitos että itket kanssani
elämän iloja ja suruja.
Niin kuin on kyynel eheyttävä,
on meidän myös jatkuvasti
itseämme etsittävä.
Joka päivä edistymme
ollen toistemme tukena.
Kiitos iloisuudestasi ja
spontaanista tavastasi
suhtautua asioihin.
Toivon kaltaisiasi
lisää maailmaan.
Kiitos luotettavuudestasi
ja rehellisyydestäsi.
Vain aito voi kukoistaa
niinkuin niittykukka.

Annelle

Pala kauneutta

Kuusikossa hyvä on olla.
Kirkastuu ajatus ja paranee polla.
Luonnon helmaan kun tiemme vie,
on tuskat poissa, missä lie.
Hyvän ystävän jos mukaan saa,
täyttyy sydän lämmöllä.
On silloin toinen kuin aarre.
Silmittömän kaunis aarre.

Tulehan jo, ystäväin.
Minä tahdon antaa sinulle
erityisen lahjan,
taivaisen kauneuden,
lojaalin mieleni,
varpusen ikkunallesi
laulamaan, kokeneen ihmisen
kädenpuristuksen,
palan kakkua,
jonka naapurin Heljä teki,
suppusuu, esiliina,
kikkarahiukset.
Tahdon antaa sinulle lahjan,
jonka vain mielissämme
voimme nähdä.

Ole rauhassa ystäväin.
Voit rakastaa elämää.
Olet vaikuttanut elämäsi
jokaisella askeleella.

Annelle

Tulppaanit

Kuin kevät, olet sinä siinä.
Tuot voimaa kuihtuneelle.
Kättes ovat taivaan kultaa.
Hoidat kuntoon luovuttaneet
sielut. Niille kerrot
valonpisaroista, jotka
tippuvat kalpealle ja
kuivalle iholle silmistä,
jotka vuotamatta olleet jo
monta vuotta.
Tuot itkun ja ilon.
Olet läsnä ja sielusi on kaunis.
Sinä olet kaunis.
Kaunis kuin tulppaanit
tai auringonnousu.
Sinun ei tarvitse muuttua,
sillä juuri nyt olet
hienojakoinen kuin usva,
jossa kadonneet ja kaipaavat
ihmiset uskaltavat kohdata
toisensa sumun suojellessa
omiaan.

Et edes tiedä arvoasi.
Voi kunpa tietäisit.
Minä itken ilosta että
sinä olet sinä.

Annelle

Eläköön vapaus

Aallot lyövät rantaan,
vanhaan hylättyyn
rantaan, jossa en enää käy.
Antaa mustien aaltojen
lyödä siellä.
Minä en enää palaa sinne,
missä pelko sai minut
henkihieveriin.
Missä minua satutettiin.
En enää juokse
noita väsyneitä
rantoja pitkin,
enkä leiki niiden
kuolleissa metsissä.
Sen aika on ohi.

Totisesti.

Mutta minä juoksen
uudelle niitylle,
hyvälle niitylle,
kerään kaikki kukkaset,
juoksen lujaa
vapauden vuorille.
En ole enää lapsuuteni
kahleissa kiinni,
vaan niistä vapaa,
täysin vapaa.
Ei pahuus enää
minua saa.

Pahuus ei totta vie
minua saa.
Eläköön vapaus.

Omakuva
Maaria Laiho, 2023
Akryyli

Annelle

Viisaiden laulua

Huudan sua päin, maailma.
Sä et kuule.
Tai niin oletan.
Jos kuulisit murheet nää,
valaisisit ehkä polkuni tän.
Miks ojaan heität lapses?

Ja kaik tää.
Tämä on sydänverestä luotua,
puhdasta kärsivän huutoa.

Koppurakäsien, liikavarpaiden,
vanhojen ja viisaiden laulua.

Laulua hiljaisuudessa.

Ja kun yösirkka soittaa taas,
sinä kuuletkin minut.
Kiitos maailma.
Palautan kyyneleeni
huomenna lounasaikaan.

Annelle

Reunat

Minä itken.
Antaa kyynelten tulla.
En minä ole tilanteen herra.
Antaa tuskien tulla
ja virrata lävitsemme pois.
Sateen jälkeen on poutaa.
Niin ehkä mekin itkumme
jälkeen kirkastumme ja
näemme selkeämmin
totuuden reunat,
pilvien reunat,
elämiemme reunat.

Annelle

Aamuaurinkoni

En minä tiedä
mitä sinulle sanoisin.
Mitä kaltaiselles kertoisin.
Tunnet jo jyrkänteeni,
ylämäkeni ja alamäkeni.
Tunnistat jalanjälkeni,
ottanut vastaan olet
ystävyyteni. Tässä olen,
avoinna kuin kirja.
Kirjoittamassa
sinulle kiitollisuudesta
ja rakkaudesta.
Kirjaa sinusta, joka annoit
minulle suunnan
elämään vaikeimpina
hädän hetkinä.
Olit aamuaurinkoni,
kun mieleni ei erottanut
enää päivää yöstä.
Muistutit voimasta,
kun en itse uskonut
sellaista omaavani.
Kuin ihminen ihmiselle
olet antanut rohkaisun,
sanan jos toisenkin.
Tämä hetki on tässä,
mutta en tule koskaan
unohtamaan sinua.
Olet minulle yhtä tärkeä
kuin perheenjäsen.

Annelle

Askellus

Ei ole tarkoitusta.
Unohda tarkoitus.
On vain kysymykset,
jotka huutavat
yötä päivää.
Ei ole mitään
vastauksia antaa,
on vain olettamus ja
toive. Elämässä on
oltava rohkea.
Kuin strutsin
vahva askellus
olisi meidänkin
edettävä kohti
kysymysmerkkejä,
kohti tuntematonta,
kädessä persoona,
joksi itseämme
luulimme.

Annelle

Flamingo

Sinä olet minulle tärkeä.
Sinä maailman olento.
Olet perhosen siivenisku,
olet universumin osa.

Energiasi on
vaaleanpunaisten ruusujen
hillityn herkkää liikettä
aamulla, kun kesän aurinko
paistaa lämpöään sisälle
auki jätetyn oven raosta.

Energiasi on oranssi hiekka,
voimaa joka hiekanjyvässä.
Samalla osa kaikkeutta.

Uljas flamingo löysi
vertaisensa. Kauneuden,
joka kasvanut on vaikeuksista
ja koettelemuksista.
Mielen upeuden, joka
syntynyt on oivalluksesta
ja hyvästä sydämestä.

Ystäväni mun,
muutu tai älä muutu,
on kumpikin sinulle suotu.

Annelle

Hetkestä ikuisuuteen

Usvan keskellä
näen pehmeän viisauden,
tämänhetkisen totuuden.
Kuin untuvat
leijailevat ajatuksemme
läpi tuulen ja lämmön
jääden luoksemme
hetkestä ikuisuuteen
ja poistuen
hellästi hyväillen
meidän sisintämme
jättäen jälkeensä rakkauden
soljuvan kirkkaan olemuksen.

Annelle

Valo

Valonsäteet osuvat minuun.
Kuinka voisinkaan ohittaa
tämän energisen viestin.
Valo on rakkautta, valo on
toivoa.
Valo on viisautta.

Henkeäsalpaava
on auttava käsi,
joka myötätunnossa
eteen aukenee.

Kalpeankuulas
on katse,
joka onnessansa on
saanut apua.
Silmät utuisina kiittävät.

Taas valkoinen lintu
lentää luo vieden mielen
suojeltujen luo.

Annelle

Annettua

Annoit minulle uran,
käytän sen muiden
auttamiseen.
Toit minulle menestystä,
mutta menestyä tahdon
ilman ylpeyttä siitä.
Toit minulle huolia,
mutta rakkauteni
vapauttaa minut.
Soit minulle ystäviä,
mutta kaikkia en osaa säilyttää.
Vapaudenkin minulle annoit,
jota en tiennyt olevan olemassa.
Kiitän kaikesta nyt ja aina.
Tunnen arvosi,
sä suuri elämä,
universumi.

Annelle

Janoiset

Ei epävarmuus väärin ole.
Siinä kasvaa suuri potentiaali.
Eivät ole turhaa kauniit sanat,
jotka vain mielissämme pyörivät,
sillä ne ovat alku ja perihyvyys.
Kun ne kohdistuvat myös
itseemme, alamme loistaa
rakkautta joka ilmansuuntaan
muodostaen ympärillemme
hyväksyvän lämmön,
joka vetää puoleensa
aina vain lisää janoisia
kauniita olentoja.

Minä elän
Maaria Laiho, 2018
Akryyli

Annelle

Toivo

Me lailla myrskyn
suojelemme sisintämme
kaikelta siltä,
mikä meitä satutti.
Vaikka veneemme
heilahtelisi aallokossa,
emme anna sen
mennä kumoon.

Lailla myrskyn
uskomme hyvyyden
voittavan ja jaamme
rakkauden sanoja
kulkiessamme
maailman teitä.
Emme luovu toivosta,
emme luovu
itsestämme.

Armollisuus suojelee
meitä. Se parantaa
sisimpämme.
Rakastamme myös
vihollisiamme
voidaksemme elää
vailla katkeruutta.

Rakkaus ja anteeksianto.
Siinä piilee elomme toivo.

Annelle

Ikiuneen

Tahdon olla jälleen
kuin kehtolapsi.
Maailmalta pakoon
juosta, unohtaa
menneisyyden
ja ihmisyyden.
Mun sydäntäni
pidelkää.
Ei ole ääriviivoja,
ei ääntä, ei
puheenvuoroja.
En tahdo kantaa
vastuuta, ottakaa se
pois minulta.
Tahdon vain maata
tyhjien ajatusten
keskellä ilman nimeä,
ilman muotoa.
Antakaa minun
nukkua syvää
unta. Ei minun
tarvitse herätä.
Ikiuneen voisin
vaipua, kaukana
paha maa.

Annelle

Vapaat

Karnevaali luonnon
minut pysähtymään saa.
Miten kaunis onkaan maa.
Sitä kylvän yhä, uudestaan.
On mulla sydän lämmin,
kun multa tuoksuu
ja siivekkäät lentoon käyvät,
nuo vapaat sielut,
niin tolkuttoman kauniit,
vailla huolta huomisesta.
Minäkin tunnen tuon onnen,
sillä me olemme yhtä,
minä ja kaikkeus.

Annelle

Rauniot ovesi takana

Mitä maailma olisi
ilman sinun kätteis
töitä?
Täällä olisi kylmä
ja tyhjyys valtaisi
mielten sopukat.

Mitä maailma olisi
ilman suopeaa
ja pehmeää
asennettasi?
Vailla esimerkkiä
oikeasta tavasta
ottaa vastaan
tämä elämä.
Autiomaa sydämen
tilalla, sellaista
täällä olisi.
Ihmisten rauniot
ovesi takana
pyytäisivät lohdun
sanaa.

Mutta sinä se et jätä
ketään, et jää
huoneeseesi, on
ovesi avoinna
kaikille.
Sinä et hylkää.
Kuinka kallisarvoinen
oletkaan,
sinä ihmeellinen
elämän opas ja
luonnonlapsi.

Annelle

Sydämen ääni

Saat huutaa,
jos sinuun sattuu.
Sinulla on oikeus
itkeä surusi pois.
Muuten taakkasi
olisi aivan liian suuri.
Se musertaisi sinut.
Anna veden norua
silmistäsi, se haavat
huuhtelee.
Saat kohdata vaikeudet
ja sitten päästää irti.
Kaikkea ei tarvitse
sinunkaan kestää.
Itke surusi pois,
niin ehkä ennen
aamunkoittoa
sydämes paraneva ois.
Muuta kyyneleet iloksi,
pikkuhiljaa, hiirenhiljaa.
Jo muuntuu tuskat
osaksi suurempaa
kokonaisuutta.
Osaat nähdä ongelmat
isommassa mittakaavassa,
kun ne eivät enää
ole niin iholla.
Suuremmassa perspektiivissä
pärjäät hyvin.
Voit hymyillä, pahin
kun on ohi.
Kaikki kyllä järjestyy.
Luota intuitioon
ja sydämesi ääneen.

Annelle

Tärviölle

Taas kukoistan.
Kukkien lailla loistan.
Minussa on äiti maa.
Minussa on vesi, ilma ja vuoret.
Juureni ovat syvällä tässä
elämässä.
Elän ja hengitän.
Elämään minut luotiin.

Minä ja äiti.
Minä ja maa.
Tässä olen kylläisenä,
orvokkien ympäröimänä
ja hepokatitkin tietävät nimeni.

Taas tanssii luonto
uutta elämää tehden.
Kevään pauhu,
hulluus.
Minäkin tahdon tärviölle.
Upottakaa minut elämän paloon.
Tuohon janoon.
Ennen kuin talvi taas saa.

Nyt hymyillen kävelen.
Osaan iloita pienistä asioista.
Niinkuin on etanan matka hidas
on myös ihmisen elämä.

Mutta joka hetki edistymme
ja löydettyämme rauhan
istutamme uudet kukat,
jotka loistavat heille,
jotka vielä etsivät omaansa.

Tulkoon lämpö jokaiseen
sydämeen.
Tulkoon rauha ja rakkaus.

Annelle

Sanat äidille

Olet äiti kolmelle.
Suuri työ, paljon
koettelemuksia.
Mutta rakkautesi
heitä kohtaan on
ikuinen ja puhdas.
Äitinä oleminen
ei ole aina helppoa,
vaan se vaatii
ponnisteluja ja
kärsivällisyyttä.
Muista, että
olet onnistunut
äitinä, olethan paras
versio lapsillesi.
Kukaan ei voisi
sinua korvata
ja lastesi rakkaus
on loputon.
Naurut heidän kanssaan
piirtyvät mieleen.
Myös surut, jotka
yhdessä koetaan.
Olet vastuuntuntoinen
ja kuuliainen. Otat
opiksesi ja kehityt.
Olkoon syntymät
kauhea kokemus,

mutta sinä selvisit
niistäkin voittajana.
Oman lapsuutesi
traumat eivät
enää sinua satuta,
ne ovat muistoja vain.
Olet lapsillesi esikuva
ja rakkautesi ansiosta
olet tehnyt
korvaamattoman
suuren työn äitinä.
Siellä missä sinä,
siellä on lämpö ja
ikuinen rakkaus,

ikuinen armahdus.

Annelle

Kohtaa minut

Etkö voisi ymmärtää?
En tahdo sulle pahaa,
lapsi rakas.
Olen vain väsynyt
ja tarvitsen taukoa
työhön rankkaan.
Miksi kiperät ovat
välimme nyt?
Miks et ymmärtää
tahdo sanojani,
miks et kunnioita
tekojani, uhrauksiani?
Lapsi rakas,
kohtaa minut
niinkuin kohtasit
ennen.
Rakennetaan koti
uudestaan.
Anna minun
kylvää sinulle pelto.
Annatko sittenkään?
Anteeksi vajavuuteni,
anteeksi jaksamiseni.
Tule takaisin,
kun mustarastas
laulaa ikkunallasi.

Loma
Maaria Laiho, 2023
Akryyli

Annelle

Taika

Päättymätön on
tarina, joka
rakkaudesta kertoo.
Syvälle vievät juurensa
ja syliinsä kietoo.
Vain rakkaus voi hoitaa
haavat nää, jotka
tulehtuneet
jo aikapäiviä sitten,
kipeinä olleet jo
monta vuotta.
Vain rakkaus on
tie anteeksiantoon
ja ymmärrykseen.
Vielä kasvan,
vielä minä kasvan.

Annelle

Söpö

Kuuluu koiran haukku.
Se meidän rekku on.
Tuolla jossain, mennyt oot.
Uskollinen ystävämme,
sinua ikävöimme.
Kuonos pehmeä,
turkkis silkkinen,
katseesi sulatti jään.
Sitä kaipaan mä
aina vaan.

Olit viisas ja oppivainen.
Nyt vain mielessä sinut
nään. Et katoa muistoistain.
Tassu vasten kättä, liitto tää
on ikuinen. Et koskaan
häviä, sydämeeni jälkes
jäänyt on.
Verraton, iloinen Söpö.
Kaikella on aikansa ja
paikkansa. Painoit pääsi
syliini, lähdit luotamme.
Mutta nyt kerron
sinusta ystävilleni
ja tarinasi elää ikuisesti.

Hiljaa tepsuttele, juokse
niityille, hiekassa
piehtaroi. Ehkä vielä
kohdataan unissa
kauneimmissa.

Annelle

Palatsi

Elämä turmellut on ihmisen.
Retuuttanut suossa, polttanut
roviolla. Vaan sieltä se
kumpuaa, taistelutahto, voima.
Niin olet sinäkin taistellut
elämäsi syvänteissä
ollen nyt siinä.
Koeteltuna, riutuneena
kurjuudessa ja vääryyksissä.
Olet voittanut omat varjosi,
osaat elää sen kanssa.
Nyt jaat armollisuutta
ja rakkautta muille,
koska tiedät millaista oli
kun niitä ei ollut.
Et jäänyt kiinni hauraaseen
vaan rakensit kultaisen
palatsin,
jonne ovet ovat auki
jokaiselle.

Olet tärkeä minulle.
Oppinut oon jo paljon sinulta.
Kiitos kun pelastit minut
omalta itseltäni.

Annelle

Rauha

Istun peilityynen eessä.
Laulavat linnut vehmaston.
Tuovat tarinaa sinusta.
        Oi rauha, sydämeeni tuu.

Ei ketään missään.
Hengitän keskikesän ilmaa.
Kuulen ajatukseni sinusta.
        Oi rauha, sydämeeni tuu.

Muistot mieleen tuovat
kuulaita hetkiä, niit kaipaan.
Ei oikeita ystäviä montaa ole.
        Ystävä, sydämeeni tuu.

Onnellinen olla saan.
Liittyvät kedon kukat laulamaan.
Taipuu heinä kasteessa.
        Oi rauha, sydämeeni tuu.

Annelle

Poissa

Ei aikaakaan, jo kuluu aika.
Odottanut olen, minut saanut
on taika. On ilo ystävää
nähdä taas. Kauan jo ehdin
ikävöimään. Malttamattomana,
sydän täynnä hopeista pölyä,
rakkauden usvaa.

Sua kaipaamaan jäin, vaikka
tiesin et näemme taas.
Parahin ystävä,
mielessä olet ain.
Painava hiekka minut
peittää kun olet poissa.
Kun saavut jälleen,
sädehtimään saat

minut ja puoli valtakuntaa.

Annelle

Hatkat

Riittämätön kakara,
ei sinusta mitään tule,
sanoit.
Ei huomenta eikä hyvää iltaa,
eihän minulle kun
en riitä mihinkään.
Anne on nimeni,
tässä on sieluni,
otatteko vastaan
vai paketoinko pois
ja lähetän tuonelaan?
Miks en saa mä olla
rauhassa,
miks piinaatte mua
ajatuksella,
etten riittää vois
mä milloinkaan?
Miks ette näe
kykyjäni laisinkaan?

Otan hatkat.
Jääkää te naakkojen
kanssa huutamaan.
Vailla toivoa ja lämpöä.

Tämän sanon:
Tulen olemaan niin
erilainen kuin te. En
teidän kaltaiseksenne
muutu.
Hyvästi, tää viimeinen
sanani on.
Ja niin lensi valkoinen
kyyhky ulos myrskyn
silmästä.

Annelle

Ikimetsä

Minä en olisi mitään
ilman pettämätöntä tukeasi.
Olisin tyhjä munankuori,
takki tyhjänä,
eksynyt ikimetsiin.
          Ei minua kaivattaisi.

Olet iloni mun.
Herään ja hymyillen hyräilen.
Minulla on ystävä.
Se onnen suo.
Muuten eksyisin ikimetsiin.
          Nimeni unohdettuna soisi.

Kiitos sielunsisko.
Jaat elämää ain.
Kiitos ettet hylkää
minua keskinkertaista.
Muuten eksyisin ikimetsiin.
          Unohtuisin.
Hengitän, olen.
Sinusta kiinni pidän.
          Sä suurin ystäväni mun.

Annelle

Matka

Voi kuinka kuu minulle
huokaa, mutta huokailkoot.
Aikani tulee vielä ja
sudenkorennot tanssivat
kanssani yhteyden, elämän
tasangoilla.
    Niin matkaa teen mä taas.

Kuun sirpiksi suuni muutu ei.
Minä eloa olen täynnä.
En katkeruuteen kajoa,
on elämä kiitosjuhlaa.
    Niin matkaa teen mä taas.

Armosta sinut sain.
Ystävä tärkeä, sielus hyvä.
En vaihtaa vois mä milloinkaan.
Sut ystävänä pidän ainiaan.
    Niin matkaa teen mä taas.

Annelle

Valaistunut

Keskellä sotien
on rauha,
hyväksyvä mieli
ja toivo.

Ei rakkaus meitä jätä,
eikä musta ole vain
mustaa.
Aina on valoa
pimeimmässäkin
mielen sopukassa.
Voit sen nähdä.

Urhea mieli rakastaa,
kun siihen ei ole
mahdollisuutta.
Se hyväksyy lempeästi,
kun muu maailma torjuu.
Mieli ja sydän ovat
viisautemme koti.

Ken rakastaa ja
arvostaa itseään,
osaa rakastaa
myös muita ja niin
maailmankaikkeuden
energiat sulautuvat
yhteen ja olemme
yhtä kaiken ja kaikkien
kanssa.

Annelle

Sananen pahuudelle

Usva soljuu ylitseni.
Pois sinut työnnän mielestäni.
On aika lopettaa.
Et saa minua enää koskaan
ja minä kasvan vahvaksi,
enkä kuule enää leukojesi lätinää.
Mene muualle ja kerjää.
Minulle et sinä pärjää.
　　　Olen vapaa,
　　　niin vapaa.
En keneltäkään tarvitse lupaa.

Soljukoon usva ylitseni.
Ylös korkealle nostan itseni.

Et arvoani alenna.

Annelle

Tähti taivaan

Kuka olet
kun huutoni kuulet?
Kuka olet
kun sielusi osuu omaani?
Mistä tulet
kun minua ymmärrät
paremmin kuin kukaan täällä?
Miksi rakastat
niin vahvasti että
särönikin korjaantuvat
ja olen ansiostas oppinut
olemaan armollisempi
itseäni kohtaan?
Tuot ilon ja riemun
synkkään mieleen.
Sytytät toivon kipinän
minun hauraaseen
sydämeeni,
eikä se valo enää sammu.
Olet sytyttänyt ilon roihun,
loppuelomän roihun.
Rakas ystäväni mun.
Kuka olet kun moiseen taivut?
Miten hyväntahtoisuutes on
niin loppumaton?
Kuka olet, aina itkuni kuulet?
Kuka olet, sä tähti taivaan?

Nainen
Maaria Laiho, 2013
Hiili, akryyli

Annelle

Kätes vahva

En tiedä miksi elän,
kun on murheita mieli täynnä
ja niin päättymätön on päivä.
Hengitänkö, sit en tiiä
mut kanssas jaksan vielä
askel askeleelta eteenpäin
ja uskoa saatan ehkä
huomiseen.

En jää mä kadotukseen.

Kädessäin kätes vahva,
vahva rakkaudessa.
Pois heittyy murtunut mieli.
Olet peilikuvani, minuuteni
kieli. Kuin meren tyrskyt
hoivaat sinä muita.
Kaiken kauniin ansaitset.
Harvinainen on pyyteetön
sielusi, suvaitsevainen
luonteesi.

Et viimaan katoa koskaan.
Ei kylmä sinulle tule lainkaan.
Olkoon rauha luonas ainiaan.

Annelle

Ikiaikainen

Olet minulle tärkeä.
Et koskaan saa sä lähteä.
Kukoistat lailla kedon kukkien.
Sinusta hohtaa tähtipöly,

rakkaus ikiaikainen

ja minä olen niin vaivainen.
Jaksat minutkin huomioida.
Pääsin mukaan laumaan.
Kiitos sinulle, posliinisydän
korvaamaton, arvokas, herkkä.
En voi kyllin kiittää.
Meillä vain juttua riittää.
Aito rakkaus roihuaa
läpi päivän ja yön,
eikä sammu koskaan.

Rakkaus ikiaikainen,
luokses jään.
Suojele ystävyyttämme
nyt ja aina,
elämiemme viimeiseen
päivään asti.

Annelle

Vapaus

En saanut otetta elämästä.
Olin kuin öljyyntynyt
eläin kalastusverkoissa.
Synkkyyden ja surun
vallassa, vailla vapautta.
Sairauksien turmelemana.
Sinä olet ollut suunnannäyttäjäni.
Olen oppinut taas luottamaan
rakkauden voimaan.
Olen kasvattanut suuret
valkoiset siivet, jotka ovat
vahvat niin että pystyn
kantamaan sinutkin.

Muu kaikki jää,
kun lennämme kuuhun
ja muihin maailmoihin.
Vapaina, onnellisina.
Kaukana sairauksista
ja pahuudesta.

Sydän täynnä onnea
on mulla,
yksin kun ei tarvitse elämää
kohdata.
Yksi ihminen voi muuttaa
kaiken voitoksi.

Kuu tuolla katselee,
taas mennään,
        vapaus ja voitto.

Annelle

Ei iloa tunne

Merkitystä vailla
on rakkaudeton elämä.
Kuiva ja halkeileva.
Oispa ikuinen lämpö
mulla.
Kylmäksi kangistuu
ihminen, joka ei
omastaan osaa luopua.
Ei jaettua iloa tunne,
yksin kuihtuu,
pystyyn kuolee.
Läpi viima vain tuulee.

Mutta rakkaus
tapahtuu vain omasta
tahdosta. Sitä ei
voi pakottaa.

Oi iloa, kun saan
rakastaa ja tunnet
kiitokseni.
En enempää pyytää vois.
Aina toivon et tekstini
nää koskettaa, se eniten
mua ilahduttaa.

Annelle

Onnessa

Enpä arvannut
löytäväni ystävyyttä
ollessani keskellä
kurjuutta.
Enpä tiennyt lain
millaisen huolenpidon
sain.

Nyt rakkaudesta laulan vain.

En osannut odottaa
puhdasta inhimillisyyttä,
syvää ymmärrystä,
tuollaista poikkeuksellista
ihmistä elämääni.
On mulla onni matkassa.

Rakkaudesta laulan vain.

Olet niin tärkeä.
Tätä emme saa särkeä.
Ystävyytemme väkevä,
kaiken kestävä.
Olen onnessa kylpevä.

Annelle

Ystäväni

Hauras käsi etsii
vertaistaan kulkijaa,
toveria rinnalla tallaamaan.
Luottoihmistä, ystävää.

> *Ei kukaan yksin pärjää.*

Tahdon olla sinulle ystävä,
jolle voit avautua
kun siltä tuntuu.
Tahdon, että koet
olevasi arvokas,
kaikkine vikoinesikin,
niinkuin minäkin,
puutteellinen kun oon,
kuten kaikki me ihmiset.
Emme täydellisiä oo.

Olen odottanut
ihmistä, joka näkee minut,
eikä minun tarvitse
varoa olemassaoloani.
Sinun seurassasi olen
oma itseni enkä pelkää.
Koen olevani turvassa
juuri sellaisena kuin
olen.

Saat minut kukoistamaan
elämää.

> *Ei kukaan yksin pärjää.*

Annelle

Ihmisarvo

Minulla ei ollut ketään.
En saanut rakkautta enkä
hyväksyntää, en ollut
oikein kenellekään tärkeä.
En ollut oikeastaan mitään.
Olin arvoton, hyödytön
ja elin siinä uskossa
koko tähänastisen
matkani, kunnes
ilmestyit elämääni.
Ihmettelin rakkautta,
jota sinulta sain.
Se oli niin puhdasta
ja parantavaa.
Lempeys, turva.
Välillä tunnen jopa
arvokkuutta.
Olet siis antanut minulle
ihmisarvoni.
Kiitos Anne suurimmasta
lahjasta jonka ihminen
voi saada.

Annelle

Rakkaudella

Sydän täynnä lämpöä
vihdoin on mulla.
Sen lahjaksi saanut
oon sulta.
Herätit henkiin
toivon ja rakkauden
kipinän.
Ne sydämeni pelastus on.
Olin unohtanut
kaiken hyvän,
olin hukkua suohon
ankeine ajatuksineni,
mutta sinä herätit minut
horroksesta
ja uskallan nyt
luottaa vahvemmin
elämään.
Sydän täynnä on tuota
pohjatonta lämpöäsi.
Otathan siis vastaan
kiitokseni, muutamat
runot. Ne rakkaudella
sinulle tehnyt oon.

Annelle

Lailla lapsen

Ylistystä luonnon
elämme tänäänkin.
Lailla lapsen saamme
juosta ruohikkoon,
vailla huolta huomisesta,
hiukset sekaisin
kuten mielemme,
joka sekin onnesta huutaa.
Elämisen riemu!
Kosketa minua
yhä uudestaan.
Soi sirkkain duo.
Pidän sinusta kiinni.
Kirkas valo ja lämpö.
Tän hetken muistan
ain.
Elämisen riemu,
kosketa minua!

Annelle

Ilo

Mene kohti aurinkoa.
Se valaiskoon tietäsi.
Lumoudu ruusujen
tuoksusta, uppoudu
elämän sykliin.
Ilolla asennoidu
aikoihin uusiin.
Mitään menettää et voi.
Yllin kyllin taitoja
elämä sinulle toi.
Katso sinertävän
usvan läpi.
Näet, kuinka lempeä on
äitimme maa.
Se ei pelkää uutta
tallaajaa, vaan avaa
polkunsa heille,
jotka rakastavat
vahvasti.
Ole metsän syleilyssä.
Tunne, kuinka se
parantaa. Luota itseesi
ja iloitse.
Iloitse niin paljon että
pakahdut.

Onnen pitsisessä pilvessä
leijailet kohti myötätuntoa
ja rohkeutta.

Kohti aurinkoa käy.
Menneet ovat menneitä.
On aika elää nyt.
Voit heittää hellästi
hyvästit surulle.
Olet ansainnut ilon.
Iloitse, ystäväni rakas.

Visio
Maaria Laiho, 2023
Akryyli

Annelle

Hyvä äiti

Tahdon et sulla hyvä on olla.
Että saisit iloita elämästä,
tanssia kuun valossa.
Pidän sinusta kii.
En päästä sinua putoamaan,
sulle parasta tahdon ainoastaan.
Ihailen sinua.
Ystäväni, kaikkeni.

Äiti lapsillesi olet.

> Olet hyvä äiti.
> Älä turhaan sure.
> Olet tehnyt parhaasi.
> Ylväästi kannat taakkasi.
>
> Olet hyvä äiti.
> Voi kuinka olisin edes puolet
> sinusta.
> Itse niin vajavainen oon.
> En koskaan yllä siihen
> mihin sinä.

Hyvä, rakas ihminen.
Äitinä ilon muille tuot.
Olkoon rauha luonas.

Annelle

Vaikeudet voitoksi

Ansiostas sain
elämästä kiinni.
Itkujemme merkitys
suuri on.
Syttyi liekki toivon,
rakkauden.
Syntyi luottamus,
jollaista en tiennyt
olevan olemassa.
Opetit minulle elämän
perspektiiviä.
Sanoit, että osaan
rakastaa, vaikka
minulla oli vaikea
lapsuus.
Että kääntänyt oon
vaikeudet voitoksi.
Huomatessani tämän
opin hyväksymään
itseäni vahvemmin.
Kuulen myös sisäisen
lapseni.
Koen olevani vapaampi.
Näen jälleen
mahdollisuudet.
Kiitos rakas Anne
keskusteluistamme
ja niiden parantavasta
vaikutuksesta.

Kiitos Anne

Annelle ja Juholle

Kiljukaula

Tuu tuu kiljukaulaa.
Äidin rakasta peiponpoikaa.
Sinua rakastan taukoamatta.
Syliini suljen
        vaikket täällä olekaan.
Tunnethan liittomme?
Se katkea ei milloinkaan.
Sinua kannan aina vaan.
Et mielestä katoa koskaan
        vaikket täällä olekaan.
En muuttaa voi elämää,
mut en tahallani kaikonnut.
Saat olla minulle suuttunut.
Mutta sinua rakastan
        vaikket täällä olekaan.

Sinua rakastan,
        peiponpoikani,
        kiljukaula.

Annelle

Kyyneleet viattomat

Kaukana taivas purppura.
Taas on päivän työt takana.
Hiljainen on sielu,
joka kanteleen sointiin yhtyy.
Taakse jäävät turhat odotukset
ja kaikki viisaatkin yritykset.
Tien varressa lapsi itkee.

Sain suuren paitasi.
Siihen piiloutua voin.
Nämä hedelmät sinulle toin.
Maan pyörintä pysähtynyt on
ja luitani katumus hiertää.
Vain kerran saamme elää.
Tien varressa lapsi itkee.

Suuriin tekoihin en yllä.
Kaipaus sydämeni täyttää kyllä.
Tahdon onneasi, toivon
sielunrauhaa.
Jo kuohunta loppua saisi.
Kuka voisi pysäyttää veet?
Tien varressa lapsi itkee.
enkä minä pysty liikkumaan.

Olen elänyt lailla tulen.
Räiskynyt ja kipinöinyt
ilman hiljaisuutta.

Olen säntäillyt vailla
päämäärää.
Kuka se on ken säätää?
Kuuleeko maailma kun sanon
    et tien varressa lapsi itkee?
    En liikahda, suru kyyneleetkin
    kitkee.

Vain hetken kestää tää
Nää hetket, joita kaipaamaan jään.
Olet evoluution ihme,
minun onneni, minun itkuni.
Kaikuu laulu hiljainen
ja sitten katoaa.
    Tien varressa lapsi itkee.
    Itkua en voi mä sammuttaa
    Epätoivo mut saartaa.
    Anteeksi lapsi rakas,
    kyynelees niin viattomat.

Annelle

Elon roihu

Et käännä selkääsi,
et tänäänkään.
Aina jaksat kuunnella
ja kannustaa.
Tunnet tuskani,
näet kokemukseni,
lohdun suot vaikeina päivinä.
On kummallinen tää voimasi.
Sinut tahdon mä korottaa.
Mun kiitokseni sulle soikoon,
olet ihmistimantti.
Kyllä sinä olet niin mahdoton.
Sait minutkin jälleen elon
roihuun.
Miten voisin mä tästä
tarpeeksi kiittää?
Tuntuu, etteivät sanat tahdo
oikein riittää.
Hiljennyn miettimään,
kuinka etuoikeutettu olenkaan.
Minulle onnen avaimet
näin kun tuodaan.

Annelle

Kiitos

Ystäväni, neliapilani,
tukipilarini, peilini.
Olemassaolosi on
muuttanut elämäni
suuntaa. En tiedä
missä olisin ilman
empatiaasi ja
näitä loputtomia
itkujamme.
Sinä olet parantaja,
oikea ihmiskuiskaaja.
Tavoitat hoitotyön
ytimen leikiten.
Läsnäolosi eheyttää
ja tulee olo että
on rakastettu.
Olet lempeä ja
maltillinen.
Minulle olet
yksi parhaimmista
ystävistäni.
Tulen puhumaan
työstäsi muille,
en unohda mä lain
mitä sulta sain.

Annelle

Et yksin oo

Elämän kolhuja keräilen.
Sinulle niistä osan näytän
ja autat minua kasvamaan.
Nyt olen pahimpia
tuskia vailla,
kiitos siitä sinulle.
Vahva ystävyys on
harvinaista ja saan
olla onnellinen sellaisen
löydettyäni.
Olemme niin onnekkaita.
Olemme sielunsiskoja.
En jätä sinua koskaan.
Olen saatavillasi aina
kun tarvitset kuuntelijaa.
Voit itkeä kanssani,
sillä myös minä tahdon
kannatella sinua,
juuri niinkuin sinä
kannattelet minua.
Et yksin oo.

Annelle

Puhallus

Näetkö hiljaisuuden,
joka silittää ihoamme?
Tunnetko pehmeän
asenteen, kun hyväksymme
maailman ja asiat niin
kuin ne ovat ja päästämme
sitten niistä irti?
Kuuletko nämä sanat,
jotka sinulle kirjoitan?
Puhallan sinulle rakkautta,
pelkkää puhdasta rakkautta.
Otetaan kotkat viejiksi meille,
kun lähdemme kauas
onnelaan, tutkimattomille
teille.
Soikoon torvet sooloaan,
jylisköön ukkonen sähköään.
Meidän täytyy elää rohkeasti,
ei pelätä tulevaa.

Annelle

Silmät päästään

Kun kyynel tulee,
annan sen tulla.
Se pesee minut ja
voimistaa.
Tänään itku saanut
minut on kokonaan.
Silmäni tulehtuvat
kun tällä lailla itken,
mutta olen puhdistunut
sisäisesti.
Itku on kuin hyökyaalto
tai vesiputous, jota
ei pysty estämään.
Sadekausi tuli,
halusi tai ei.
Runon mahti se
meissä vaikuttaa,
ei auta itsehillintä.
Sieltä se tulee taas,
liikutus ja itku.
On se rankkaa,
kun töissä joutuu
joka kerta itkemään
silmät päästään.
Rakkaus on joskus
hyvinkin rankkaa.

Sade
Maaria Laiho, 2023
Akryyli

Annelle

Rajaton

Pois vie tieni tää.
Kauas mieli pyyhältää.
Mitä vahvemmin rakastan,
sitä itsevarmempi olen
ja sen pidemmälle pääsen.
Sinusta irti päästä en,
aarteeni kallisarvoinen.

Rakkaus kun ei rajoja tunne.

Annelle

Riitän

Luokse sun
johtaa tieni mun.
Ilolla riennän,
kun tiedän
että sulle riitän.
Et katso mua
kuin arvotonta,
vaan olen sinulle
riittävä juuri näin.
Kanssas koen
oloni turvalliseksi
ja hyväksytyksi.
Se virvoittaa
rikkinäistä mieltäni ja
pystyn elämään
hetkessä, nauttien
rauhasta.
Rauhasta, jollaista
minulla ei koskaan
vielä ole ollut.

Rauhasta, jonka
sinä hyvyydessäs
toit.

Annelle

Ota vastaan kiitos

Kiitos itkuisista päivistä.
Kiitos jaetusta ilosta ja
surusta, kiitos läsnäolosta.
Kiitos tunteiden palosta.
Kiitos rehellisyydestä ja
avoimuudesta.
Kiitos turvallisuuden
tunteesta, kiitos
välittömyydestä.
Kiitos ystävyydestä,
kiitos sieluntoveruudesta.
Kiitos herkkyydestä,
kiitos että kuuntelet
ja välität, kiitos rakkauden
eleistä, kiitos lämmöstä.
Kiitos että uskoit minuun,
kun itse en kyennyt.
Kiitos arvostuksesta.
Kiitos pyyteettömyydestä.
Kiitos että saan olla
nyt eheämpi kuin
koskaan aiemmin.
Minulla on parempi olla
kehossani. Sinulle
kiitokseni tuon,
sen otatko vastaan.

Ystäväni mun.

Annelle

Selkein totuus

Ei ole normaalia
olemassa lainkaan.
Emme ole
kukaan täydellisiä.
Kaikki olemme
vajavaisia, omalla
tavallamme särkyneitä.
Tarvitsemme sielunruokaa
jaksaaksemme elää
hyvää, mallikelpoista
elämää, jota vievät
eteenpäin myös
eettisyys ja moraali.
Minä kuljen rakkaus
edellä, siitä voimani
saan.
Oikeassa rakkaudessa
ihminen ei pysty
valehtelemaan,
joten se on selkein
totuuden tila.
Minun totuuteni
on sinun onnesi.

Kiitos Anne.

Annelle

Kannattelua

Kulman takaa
näyttäytyy uusi elämä.
Uusi, parempi elämä.
Vielä kun jaksan
sinnitellä, löytää
elämän avaimet,
uskoa itseeni
ja rakkaimpiini,
heihin jotka
minua kannattelevat
päivästä toiseen.
On löydettävä tasapaino,
kuljettava totuuden
lankaa. Vielä ahkera
työ palkitaan ja saan
aloittaa kaiken alusta.
Ei enää pahuutta
ja kärsimystä,
vaan ainoastaan
rakkautta ja
kukoistusta.

Kiitos Anne tällä
polullani kohti
onnellisuutta.

Annelle

Itkijät

Elo on joskus
mustavalkoista.
Näemme sen, minkä
tahdomme.
Itkemme ja nauramme.
Suutumme ja ilahdumme.
Viisas mieli kuitenkin
koostuu myös
kaikista harmaan
eri väreistä mustan ja
valkoisen välissä.
Sopivasti tunnetta,
sopivasti järkeä.
Silloin voi myös
vapautuneesti
välillä iloita ja surra,
vuolaasti itkeä,
kun niin sanottu
perusta on kunnossa.
Itku pitkästä ilosta,
vai kuinkas se menikään.
Itkumme ovat olleet
minulle tärkeitä hetkiä,
ne koostavat ja ovat
oiva tapa purkaa
mieltä. Ne ovat parasta
terapiaa.

Voi Anne, itkijä-ystäväni

Annelle

Ikiajoiksi

On ilo elää ihmisten kanssa,
jos katkeruus ei värjää
elämän kukkasia. Katkeruus
on myrkky, joka syö ihmistä
ja estää rakkaudessa
elämisen.
Sinä olet Anne katkeruuden
vastakohta ja sitä
taidan kyllä minäkin olla.
Elämme vahvasti ja
sydän avoinna.
Avoinna pyyteettömälle
rakkaudelle.
Jääköön rakkaus sinuun
ikiajoiksi, kullatkoon
reunukset elämän.
Onni on meillä,
kun saamme kulkea
sydän edellä.

Annelle

Kauneuden eloon

Antaa puron solista.
Antaa perhosten tanssia.
Tämä on elämän virta,
se johdattaa meidät
hedelmäisten maiden luo.
Mene minne sydän sanoo,
kerro muillekin rakkaudesta,
sillä se voi pelastaa
paatuneet mielet.
Ain matkaasi jatka,
ylväästi ja rehellisesti.
Sinulla on suuri tehtävä
tässä maailmassa.
Moni parantuu hyvyydestäs.
Kaltaistas toista ei oo.
Tuot kauneuden eloon.

Annelle

Ilo rinnassa

Kaduin että synnyin,
en nähnyt omaa arvoani.
Sait minut uskomaan,
että kelpaan tällaisena,
eikä mitään tarvitse
mun muuttaman.
Aina olen muita ajatellut
ja tiedän, että jaettu ilo
on todellakin kolminkertainen
ilo, mutta siitä huolimatta
en nähnyt itseäni
arvokkaana.
Rakkautesi piirsi oikeat
ääriviivat, se korjasi.
Nyt olen tasapainossa
itseni ja maailman kanssa.
Lähden huomiseen
ilo rinnassa.

Kiitos Anne-hoitajalle rakkaudesta

Kasvukipuja
Maaria Laiho 2023
Akryyli

Annelle

Rivien välissä

Kirjasin ylös kaikki
kauniit sanamme.
Siinä on loppuelämäksi
luettavaa.
Piilotin rivien väliin
viestin rakkauden
tärkeydestä läpi koko
ihmisen elämän.
Tuokoon tämä kirja
sinulle muistutuksen
empatian mullistavasta
vaikutuksesta
ja kiitoksen mahtavasta
työstäsi hoitajana
ja ohjaajana.
Sinulla on sydän
paikallaan, olet
valkoinen joutsen
lammellaan,
jonka ilmaanlento
on uljas ja hohdokas.
Vailla vaikerrusta
se lentää metsien ylle
korkeuksiin.
Sinä kukoistat,
ihminen rakas.

Annelle

Ei turhaa

Turhaan et ole noussut
töitäs tekemään.
Turhaan et ole hoitanut
ihmismieliä kuopistaan.
Olet antanut elämän
takaisin monelle ja
sinua ympäröi vahva,
rakastava energia.
Tuo energia tarttuu
välittömästi
läheisyydessäsi.
Siltä ei säästy onneksi
kukaan ja niin parannat
ihmispoloisia, kuin
laulaen heille äidillistä
hyvänyön veisua.

Hyvää yötä,
Annen rakkaus myötä.

Annelle

Kohti tuntematonta

Kaukana ovat huolet,
niiltä tänään vapautuksen saan.
Mielen täyttää myötätunto
ja usko siihen, että
elämä kantaa.
Siipeni suoristan ja
lähden kohti tuntematonta.
Tää on kuin unta.
Milloin perille pääsen,
sit tietää en voi.
Loppuelämän kestää
retkeni tää.
En enempää tahtois
tietääkään.
Alhaalla siintää veet
ja maat. Niitä syleilen
mä kun matkaa teen.
Haluan paikkaan
seesteiseen.
Uskon elämään, uskon
periksiantamattomuuteen.
Täältä tullaan, maailma.
Oletko valmiina?

Annelle

Huutavat

Sinulle soivat kissankellot,
sinua kaikki katsomaan
tulevat.
Sä ystävä ihmisten.
Käteesi tarttuvat
ja pelastusta hakevat
nuo huutavat hahmot,
joilla suuri on luotto
sinuun.
Ja sinä annat heille
kunniaa, nostat ylös
jokaisen sielun.
Et käännä selkääsi,
et valheita kylvä.
Rakastat kaikkia
kuin omiasi.

Annelle

Ei voi väistää

Tänään nauroimme
ja itkimme kuten
aina. Olet jättänyt
jälkesi sydämeeni.
Sinua en unhoita mä
koskaan, muistan
joka hetken kuin
eilisen.
Olemme kaksi
rakkauden täyteistä
sielua ja siksi
kohtaamme niin
poikkeuksellisen
kauniilla tavalla
toisemme.
Empatiaa riittää
loputtomiin, sitä ei
säästellä. Ehei.
Odotappas kun
luet seuraavat runoni.
Runoja satelee joka
päivä, niiltä ei voi välttyä.
Sieltä se taas tulee,
lappuset kourassaan.
Ei väistää voi, ei
ylittää, ei kiertää.
Sanat vyöryvät yli,
halusi tai ei.
Karkuun ei pääse.
Rakkaus iskee aina
uudella teholla ja
suoraan sydämeen.
Rakas Anne,
nyt olis runon aika.

Annelle

Vahva vierelläs

Seison ruuhkassa.
Elämä vilisee silmissä.
En pysty enää liikkumaan.
Olen hukkua ihmisvirtaan.
Sinä otat kädestäni kiinni.
Pois pelastat omasi.
Viet paikkaan turvaisaan,
palautat ihmisarvon
kuopastaan.
Ansiostas mä elossa oon,
en kuollut nokiseen kekoon.
Hyvyytesi tähden
loistan minäkin nyt
rakkautta loppumatonta.
Tuo liekki sinussa,
se on ennenkuulumatonta.
Siks vahva olen vierelläs,
sielunsisko, isosisko, ystävä.
Olin kadottanut itseni kun
kävelit rakkaudella ylitseni.
Herätit selviytymisvaistoni.
Nyt uskon itseeni ja elämään,
tahdon vain rakastaa
ja runoja rustaa.

Elän, hengitän, iloitsen.

Annelle

Lojaali sydän

Bob William Niles
on kissa vallaton.
Sinutkin se nähnyt on.
Rakkauspakkaus,
liikuttava olento tuo,
se auttanut paljon
on mua.
Sinäkin eläinihminen,
tiedät kuinka hännät
heiluen rientävät
omistajansa luo.
Kuinka lojaaleja
ne ovatkaan.
Niiltä oppia voimme
paljon.
Yhtä lojaalilla sydämellä
minä tahdon kiittää
sinua Anne,
että aikaasi olet minulle
runsain mitoin antanut.
Olet kannatellut minua
kuin lumpeenkukkaa.
Kukkikoon siis kukkas
ainiaan ja lintuset ovellesi
tulkoot laulamaan.
Olet veisusi ansainnut.

Annelle

Juuret

Helppoa ei ole elämä,
mutta se auttaa, kun
löytää kanssakulkijoita.
He ovat niitä, jotka
ymmärtävät ja tukevat,
epäitsekkäästi kohtaavat.
Yksikin tällainen ihminen
elämässä riittää.
Sinä olet minulle se
turvallinen, hyväntahtoinen
ihminen, jota olin kaivannut
jo pitkään.
Minulla ei ollut ollut
sellaista vielä.
Olet minulle tärkeä
tukipilari, jonka varassa
voin kasvattaa juureni
syvälle multaan.
En horju enää niin paljon
ja kasvatan vihreät,
suuret lehdet.
Sinä olet vesi. Sinä
olet mahdollistaja.
Olet elvyttänyt
minut takaisin elämään.

Annelle

Amme

Anne, aarteiden amme,
Mistä tulee hyvyytes,
miten niin hieno ihminen
oot? Tahdon vierelläs
olla, nyt ja aina.
Tulit elämääni hädän
hetkellä.
Aarteiden ammeesi on
täynnä pakahduttavan
kaunista rakkautta,
joka tuo poikkeuksetta
kyyneleet silmiini.
Itken monesti,
sinua kun mietin.
Ajatella, että joku
voikin olla niin
hienojakoinen.
Herkkä, niin
vahva.

Taipuu heinät veen,
paljon eteeni teet.

Annelle

Elämäni tän

Rakkautesi on
minua parantanut,
saanut esiin
herkkyyteni ja
itsevarmuuteni.
Hyväksyn itseni,
en enää lymyä
piilossani.
En pelkää,
vaan tunnen
rohkeutta ja iloa.
Varjoihin kangistu
en, ei synkkyys
minua saa,
annan valon vain
johdattaa.
Pää pystyssä
elän elämäni tän,
rinnalla hyvän
ystävän.
Elämä lahjaksi
saatu oon.

Angelique
Maaria Laiho, 2023
Akryyli

Annelle

Kultahippuja

Lempi-ihmiseni.
Lähelläs voin hengittää
puhdasta ilmaa.
Ei kiirettä minnekään,
aina ehdit muista
välittämään.
Ystävyys, yksi
tärkeimpiä asioita
elämässä.
Sen minulle soit.
Toivon, että tajuat,
kuinka paljon olet
eteeni tehnyt,
minua auttanut.
Minua parantavasti
rakastanut.
Merkittävä osa olet
prosessia, jota läpi
käynyt oon.
Ihan vain olemalla
oma itsesi.

Kultahippuja eteesi
heitän.
Ne kerääthän talteen.

Kuin kukka kämmenellä
sinulle kirjoittaa koitan.
Jotain merkityksellistä
ja totuuden mukaista,
jotta ymmärrät
arvosi.

Kultahippuja eteesi
heitän.

Annelle

Etees tuun

Tän kirjan sulle tein.
Jääköön itkumme
historiaan.
Sinulla on paikka
sydämessäni
ja sinut jos jonkun
minä korotan,
hyväntahtoinen
ystäväni.
Heiveröisenä etees tuun,
kädessä paperilappu.
Taas alkaa itku.
Tein runot täydestä
sydämestäni,
sinua rakastan, ystäväni.
Sinä kaukaisten metsien
hengetär, usvan neito,
taivasten henki.
Minut pelastanut oot.
Minulla ei ole mitään,
mutta jos uskon rakkauteen,
minulla on kaikki.
Olen niin ylpeä
kun minut hyväksyit
ystäväksesi.
Kohtelet kuin tasavertaista,
sinä taivainen ihminen.
Kukkaseppeleen sinulle
teen, se loistakoon sulle
vielä pimeyteen.

Annelle

Villihevoset

Omanarvontunteen
löysin mä taas.
Sen kadottanut olin,
eksynyt oli sielu
kylmään pimeyteen.
Ei ollut toivoa.
Mutta sitten tuli valo,
sai kelon eloon,
valui vesi kuiviin
juonteisiin.
Sinä virvoitit minut,
sinä ja sydämesi.
Nyt juon janoon
ehtymättömästä
lähteestä ja tunnen
arvoni.
Tämä varmuus
jatkukoon,
villihevoset vapaina
juoskoon.

Minä elän.

Annelle

Elon vaunuissa

Rauha tullut on
kun rakkaus loputon
näin meitä yhdistää.
Me maailman poikaset
hypimme valoon,
ikuiseen valoon
ja koemme onnen
ja kiitoksen.
Hyvyydessä tanssimme,
rytmissä sateen.
Sade meidät kastelee
ja synnymme uudestaan.
Korkealla aallon harjalla
ajamme elon vaunuja,
eikä riemuamme voi
enää mikään estää.

*Rakkaus loputon kun
meitä yhdistää.*

Annelle

Kaltaises

Olet saanut minussa
aikaan rauhan.
Minut hyväksyen
katsot silmiini,
sielun peileihin.
Kuin äitiemo pojistaan
pidät sinä minusta huolta.
Olet antanut minulle
takaisin elämän,
joka minulta riistettiin
jo lapsena.
Herttainen olet
kultaisine kutreinesi.
Kerrot elämästä
olennaisen,
minua valaisten.
Tahdon kaltaises
olla.
Hyvää yötä,
rakas Anne.

Annelle

Runoa yhtä

Tyyni on meri.
Se hiljaa puhuu minulle.
Rauhalliseksi koen itseni,
kun hyräillen hengitän
paratiisissa luonnon.
En tarvitse mä mitään,
on kaikki hyvin nyt.
Kaikki sanottava sanottu on,
on ollut matka korvaamaton.
Sut ystäväkseni sain,
rakkautta kun täältä hain.
On pääni tyhjä,
en keksi enää runoa yhtä.
Kiitokseni otathan vastaan,
nyt kiitän vain ja kuittaan.

Rakkaudella,
ystäväsi Maaria

Muutama runo muille työntekijöille

Annelle ja Marjolle

Epäröivät

Yli vuorten kuuluu
elämän laulu.
Puut hehkumaan saa
äiti luonnon.
Kääntyvät sydämet
rakkauteen, valkoiseen
kukoistukseen.

Yli merten vie tuuli
viestejä heille, jotka vielä
epäröivät omassa itsessään,
eivät uskalla elää,
kuin vasta viime hetkellä.

Ja niin ponnahtaa aurinko
ylös. Nouse sinäkin,
ystäväin. Nouki kaikki
helmet, mitä maailma
kantaa.

Nauti hetki
ja päästä irti.
Kulje valoa kohti.
Sinä olet arvokas.

Piialle

Silkkiuikku

Hamaan tappiin
tahdon sinua rakastaa,
kantaa siipiäsi,
silittää sinut uneen.

Oi silkkiuikkuni mun.

Hamaan tappiin
tahdon perääsi juosta,
ottaa sinut
luokseni asumaan.

Silkkiuikkuni mun.

Mut et minua huoli.
Olen sinisorsa vain.
Toisenlainen, vieras, vento.
Sulkani riitä ei.

Mutta olen valmis.
Jos kuitenkin
ottaisit minut vastaan
kun luokses uin.
Anna runoni lausua,

niin ehkä,

silkkiuikkuni mun.

Arjalle

Antaisin

Onnen helmet,
monista meristä kerätyt
antaisin nyt sinulle.

Antaisin ikuisen onnen,
pysäyttäisin ajan hetkeen,
kun iloitset kissojesi kanssa
tai juokset lehtikasaan
lapsenkaltaisella riemulla.

Antaisin tähdet taivaalta.
Vaatimattomuutesi ja
tasavertainen sydämesi
ovat ansainneet
loputtoman kirkkauden.

Antaisin ikuisen elämän.
Joskin me ihmiset emme
jaksaisi sellaista.
On hyvä juuri näin.

Iloitse jokaisesta
iloittavasta asiasta,
rakasta niitä, jotka ovat
uskollisia ja iloitsevat
kanssasi.
Olkoon kissojen rakkaus
sinulla ikuisesti ja ainiaan.

Ole rauhassa.

Marjolle

Elän iloiten

Kasapäin ajatuksia
merten tummat tuulet
tuoneet on.
Kasapäin murheita,
joita selässäni kannan
vailla ylpeyttä suurta.
Rinnassani toivon pilke.
Ken tulikärpästen lailla
tanssii, voi saada
pelastuksen luopumalla
sokeuden saarteesta.
Minä tahdon taas nähdä
ja hengittää.

Kasapäin apua
olen teiltä saanut.
Täällä meitä ei jätetä.
Meidät kiinnitetty on
rakkauden temppeliin,
jossa jokainen
tulee rakastetuksi
ja anteeksianto on
elinehto laumalle
ja sen johtajille.

Kasapäin olen minä edennyt,
luonut uusia polkuja
puhtaan veden äärelle,
josta juon joka päivä.
Näen jälleen elämän ytimen.

Kiitollisena, tyynenä
elän iloiten elämääni.

Karoliinalle

Valpas sydän

Ei kukaan yksin jää.
Ei ehdi liemi väljähtää
ja äidinrakkaus
meidät puhdistaa.
Hellät kädet,
rohkaiseva sydän.
Omiaan pelastaa
lailla naarasleijonan.

Ei kukaan yksin jää.
On varma juttu tää.
Niin eheä ja valpas
on sydän tuo.
Vastuun kantaen
rakastaa,
säröt korjaa,
muistaa jokaisen
taakan ja on
valmis auttamaan.

Ei kukaan yksin jää.
Ei, et sinä jätä
ketään.

Jonnalle

Sananen sinusta

Kiitos avustasi.
Jaksat minua tukea.
Minä hyödyn
epäitsekkyydestäsi
ja rakkaudestasi.
Näen sinussa kirkkautta
ja suurta kauneutta,
mielen lujuutta.
Hoidat aina työsi hyvin,
olet omistautuva.
Niinkuin puro joka
solisee,
olet sinä läsnä.
Eläimet viihtyvät
luonasi.
Nekin vaistoavat
hyväntahtoisuuden.
Minulle olet aina
valpas ja välittävä
ja jaksat kuunnella
särkyneen sydämeni
laulua.
Minä itkenyt oon
hyvyyttäs.
Se säilytä ainiaan.
Oi rakkaus,
se meissä palakoon.

Toivovat Maaria ja Bob-kissa.

Kissa
Maaria Laiho, 2013
Hiili

Piialle

Nuoripari

Luo peltojen juosta saan.
On oikeus vapauteen.
Kutiavat heinät kättein alla.
Oikeus iloita on mulla.
Juoksen lujaa
rakkaus rinnassa.
Sinua varten
on mulla tunteet pinnassa.

Luo peltojen juosta saan
Tänään ja uudestaan.
Taivaskaan ei estä.
Saan olla oma itseni,
ei tarvitse epäkohtia pestä.

Vaillinainen ja vapaa,
kauraa hiuksissa.

Lentää pääskynen taas,
on elämä raiteillaan.

Kiitollinen on mieli.
Meillä yhteinen on kieli.
Kaiken kanssas jaan,
niin paljon sulta saan.

Johannalle

Piilevä voima

Pidä mielesi avoinna
elämälle.
Puhkea kukkaan
ja tavoita onnellisuus
nyt ja aina.
Älä anna minkään
vaikuttaa siihen,
mitä aidosti koet
sisälläsi, sillä
tämä on sinun elämäsi,
sinun tarinasi.
Etsiydy heidän joukkoon,
jotka rakastavat
vailla vihaa,
vailla katkeruutta.
Hehku lämpöä
niille, jotka ovat
kadottaneet
itsensä.
Sinussa piilee
suuri voima.

Arjalle

Karvalapsi

Et lähde viereltäin.
Puolellani olet ain.
Tämä liitto katkea ei.
Karvalapsi sydämeni vei.

Sinua saan mä rakastaa,
läsnäolos mua parantaa.
Maailman ääriin
kävelisin vuoksesi.
Saat ikuisesti tulla luokseni.

> Pienet tassut ne tassuttaa,
> en muita saa mä uskomaan
> kuinka tärkeä olet,
> kissani, kaikkeni.

Hetki kuluu
ja jälleen
sinut tahdon syliini.
Rakkaus vie meidät
avaruuksiin.

Tämä liitto katkea ei.
Karvalapsi sydämeni vei.

Piialle

Elämän jano

Tuo jaettu hetki
silmiin toi kyyneleet.
Ilon hetki,
kun kauniit sanat
vaihdettiin.
Olet käynyt läpi
vaikeita asioita,
taistellut
ollen yhä tässä.
Sinun kuuluu
loistaa elämän
janoa, rakastaa
lakkaamatta
ja tulla rakastetuksi,
kaunis ihminen.
Sydämes on nöyrä
ja antelias.
Huomaat kaikki,
piilossaankin olevat.
Hyväntahtoisuutes
raikaa,
oi tuota taikaa.
Olet niin rakastettu.
Olet niin rakastettu.

Päiville

Ei unohdettua

Jäin kaipaamaan
kun lähdit pois.
Ei paikkaasi voi
kukaan korvata.
Olit osa suurempaa
kokonaisuutta.
Tunnen ikävää suurta.
Olit peruspilari,
toit tälle paikalle
osan sen omaleimaisesta
viehätyksestä.
Empaattinen luonteesi
toi kaivattua lämpöä.
Nyt yksi pääväreistä
puuttuu paletista.
Kuulen silti yhä äänesi
kun tyhjillä käytävillä
kuljen ja mietin, mitä
sinulle kuuluu.
Kuin kesä, joka
syksyksi muuttuu,
on poissaolosi
yhtä melankoliaa.
Muutoksen tuomaa
ahdistusta.
Istun hiljaa, suljen
silmäni.
Mielessäni säilyt,
enhän koskaan sinua
unohtanut. Nyt kohti
kauneutta käy, sinä
ruiskaunokki uljas ja
korvaamaton.
Hyvyytes muistetaan ain.

Dianalle

Äitis

Äidin helmoissa
kulkee hän.
Pieni ihminen,
matkalla elon tän.
Rakkaudessa kylpee,
on äitinsä niin ylpee.
Kasvaa saa, viisastuu
aina vaan. Oi lapsen
ilo ja riemu,
on jännittävä elämän
keinu.
Tulee äidillä kyynel
silmään, sitä epäile
en yhtään.
Syystäkin jo liikuttuu,
lapsi iän mukana kun
muuttuu.
Tärkeä olet lapsi rakas,
äitis ikuisuuksiin.

Jukalle

Rock n' roll

Musiikkimies, taikurimies,
huumorimies. Sävelten luoja,
suuri tulkitsija. Kävele sinä
musiikin polkuja, ne huutavat
nimeäsi. Jaa ilosi myös
muille kuultavaksi, niin että
mahdollisimman moni pääsisi
osalliseksi tuota lahjakkuutta
ja keveää mieltä.

Musamies, taikurimies.
Näytä taikas nyt kun ilma
on raikas ja tunnelma
virittynyt sinua kuulemaan.
Olet siunattu suurilla lahjoilla
ja suurella, vaatimattomalla
sydämellä. Osaat olla
ystävä kaikille.

Komea fasaani ulkona huutaa.
Jukkaa kutsuu yhdessä
soittamaan. Rock n' roll, baby.
Nyt on aika.

Piialle

Säikkyvää

Pään tyynyyn laitan.
Huomenna paremmin koitan.
Mut nyt levätä täytyy.
Mul on sielu joka säikkyy.
Kohteliaisuudet yli läikkyy.
Oi mitättömyys, minut saa.
Vie pois kiittämätön mieli.
Se olis toiveeni pieni.

Mul on sielu joka säikkyy.
Mutta tahdon niin kovin rakastaa.
Siitä kyllin en saa milloinkaan.
Kolisevat luut asfaltilla.
Yksinäisen ihmisen luut,
huutavat kohti valoa ja ääntä.

Mul on sielu joka säikkyy,
ei osaa olla kosketuksissa aurinkoon.
Tahtoo pimeyteen, sieltä loistaa
himmeä usva.

On kotini maassa niittyin alla.
On kotini aallot jotka rantaan lyövät.
Olen tietämätön ja naiivi.
Tänään nukahdan syliisi.

Oi kauneus, kasvata minut.
Tuo pyyteetön luonne ikiajoiksi.
En tahdo muuta,
vankka mulla on suunta.

Jonnan Rosita-koiralle

Jälleen kohdataan

Tassusi pehmeät
käyvät verkkaiseen tahtiin.
Ei ole huolia lain,
on iloinen mieli vain.
Kostea kuono
minua koskettaa.
Tuo rakkausolento
minut onnelliseksi
tehnyt on.

Sinä olet tärkeä.
Sinä olet perhettä.
Ole rauhassa vain,
kaikki menee vielä
hyvin päin.

Hännän heilunta
kertoo ilosta.
Sinä muistutat meitä
elämän tärkeimmästä:
            Elää hetkessä,
            olla lojaali.

Rosita pieni,
vielä tuskas lakkaa
ja jatkat kulkuasi
jossain muualla.

Vielä koittaa päivä,
kun jälleen kohdataan.

Pauliinalle

Elämä vie

Tähdet loistavat ylläsi,
et eksyä voi.
Kuuntele rakkauden
ääntä, se sinua
johdattaa. On niin hienoa,
että jaat omastasi
myös muille ja ilosi
kolminkertaistuu.
Kun höyhen laskeutuu
kämmenellesi, on aika
päästää irti ja antaa
elämän viedä. Sinä
ehdit vielä pitkälle,
oi ihminen ihana.

Marjolle

Rakkauden polku

Laumanjohtaja,
ylös laitumille perheesi viet.
Vihreille niityille,
pilvettömän taivaan alle
ja sielusi on tyyni.
Hyvä tunne on sulla
kun teet aina parhaasi.
Venyt äärirajoille asti,
näet vaivaa, vaikket
kiitosta aina saa.
Olet kuitenkin ansainnut
suuren kiitoksen tästä
elämäntyöstäsi
ihmisten auttamisessa.
Kuljet rakkauden polkuja.
Annat sen rinnassa soljua.
Rakas ihminen olet
ja vertaansa vailla.

Teemulle

Huolta ja hoivaa

Johtoporras vankka,
mainio on tämä paikka.
Täältä löysin mä kodin,
rakastavan ilmapiirin,
uuden alun ja suunnan.
Sydämessäni teitä kannan.
Runoillani kiittää tahdon.

En tiennyt mitä odottaa,
nyt saan mä suurta hoivaa.

Uskallan uuteen päivään,
sydän täynnä tarmoa.
Tärkeää on työnne tää,
arvokkaita kaikki päivät nää.
Näen jo tulevaisuuteen,
en enää juutu kurjuuteen.

Kääntyy sivut elämän,
voittaa valo pimeän.

Kiitos.

Jaakolle ja Tapiolle, kahdelle isälleni

Turvani

Isäni mun, teihin taas
turvaudun.
Kannattelette molemmat
minua, jaksatte aina
tukea ja kannustaa.
Kiitollisuudessani
sydämeni pakahtunut
rakkaudesta on.
Hyväntahtoisuutenne
ja huolehtimisenne
on loputonta.

*Olette minun
isäni, minun turvani,
minun kotini.*

Teihin nojaan, teitä
kuuntelen.
Rohkaisun sanoja
minuun istutatte ja
rakkautenne avulla
pärjään elämässä
enkä vaivu synkkyyteen.
Innostutte kaikesta
mihin ryhdyn.
Toivon että olisitte
minusta ylpeitä,
sillä se on ainoa syy,

miksi niin kiivaasti
koitan onnistua.
En ole täydellinen,
mutta minulla on
visio.

Tapio-isä
Maaria Laiho, 2023
Akryyli

Loppusanat Annelle

Sua sydämessäin kannan

Kuule kuinka
kultaiset torvet soivat.
Ne soittavat meille vain,
jylhästi jylisten
todistaen ystävyyttä,
joka loppuelämän
kestää. Ystävyys,
tuo onnen tuoja,
omintakeinen,
niin sulava ja hieno,
sit pois heittää en vois
mä milloinkaan.
Sua sydämessäin
kannan ainiaan.
Kuulkoon elämä itkuni,
nähköön herkkyyteni.
Tahdon tuntea
syvästi ja vahvasti kaiken
sen, minkä kohtalo
tuonut on.

En ystävyyttämme
pois heittää vois
mä milloinkaan,
sua sydämessäin
kannan ainiaan.

Maaria Laiho, 2023
Akryyli

136

Anne ja Maaria
2024

Laulu Annelle

Sulle annan lahjan tän
Avaa jo, on särkyvää
Sydämeni sinun on
Pidä hyvänä

Luulin että yksin oon
mut olin vääräs siinäkin
Yhä seisot vierelläin
ystäväni mun

On elo täällä eheempää
Rakkaudetta emme jää
Sulle kiitokseni tuon
ystäväni mun